Christoph Hürlimann

Der Engel vor deiner Tür

Meditationen mit Bildern

Verlag Ernst Kaufmann

Bildnachweis

Umschlag + S. 6/13/21/25: Marc Chagall, © VG Bild und Kunst, Bonn, 2002; S. 7: Paul Klee, Privatbesitz, Schweiz,
© VG Bild und Kunst, Bonn, 2002; S. 8/10/31: © Scala, Florenz; S. 15/32: © Leonard von Matt, Buochs;
S. 16: © Roger Viollet, Paris; S. 17: © Bayerische Staatsbibliothek, München; S. 18/23: Reinhard Herrmann, Münster,
© Verlag Ernst Kaufmann, Lahr; S. 26/27: Annegert Fuchshuber, Augsburg, © Verlag Ernst Kaufmann, Lahr;
S. 29: entnommen aus: Rembrandt, Handzeichnungen und Radierungen zur Bibel, Verlag Ernst Kaufmann

7., veränderte Auflage 2003
© 1981 Verlag Ernst Kaufmann, Lahr
Printed in Germany
Umschlaggestaltung: JAC, unter Verwendung eines Bildes von Marc Chagall
Hergestellt bei studiodruck Brändle GmbH, Nürtingen
ISBN 3-7806-2604-7

ENGEL IN DER BIBEL

Für die Abendgebete unserer Kinder ist der Engel mit den schützend aus-
gebreiteten Flügeln eine hilfreiche Vorstellung. Auch der Erwachsene braucht
diese Vorstellung nicht preiszugeben. Dabei hilft es ihm, die Engelbegegnungen
der Bibel auf sich wirken zu lassen.
In unserer Vorstellung vom Engel sind zwei verschiedene religiöse Erfahrungen
aus biblischer Zeit zusammengekommen: der »Engel des Herrn« und die
»Diener Gottes«.

Der Engel des Herrn

Von guten Mächten wunderbar geborgen
erwarten wir getrost, was kommen mag.
Gott ist mit uns am Abend und am Morgen
und ganz gewiss an jedem neuen Tag.

Dietrich Bonhoeffer

Wenn die Bibel vom »Engel des Herrn« erzählt, meint sie den Boten, der einem
Menschen schützend zur Seite steht oder ihm eine Nachricht von Gott bringt.
Ausgangspunkt dieses Büchleins ist der Engel des Herrn. In ihm kommt Gott
selber zum Menschen. Deshalb können im selben Bericht Gott und sein Engel
abwechselnd zu Worte kommen (so bei Abrahams Gastfreundschaft, Seite
14/15). Oft kommt dieser Bote im Alltagskleid zum Menschen, gleichsam
inkognito – ohne Flügel, ohne ein besonderes Gewand.
Häufig zeigt seine Nachricht an, dass Gott eine Not wenden wird. Bei Frauen,
die der Gottesbote aufsucht, ist es oft die Urnot der Kinderlosigkeit, deren
Ende der Engel ankündigt (so bei Menoahs Frau, Seite 6/7). Dem Mann bringt
der Bote eher die Nachricht, dass die Urnot der Unterdrückung durch einen
Feind bald ein Ende finden wird. Der Angesprochene erhält gleichzeitig einen
entsprechenden Auftrag (der Engel bei Gideon in Richter 6, 11-24).

Der Gottesbote kommt aber auch als Engel des Geleits und der Bewahrung zu einem Menschen und sagt ihm in einer schwierigen Situation Schutz und Stärkung von Gott her zu (die Engel bei Jakob, S. 12/13; der Engel bei Elia, S. 22/23). In diesen Berichten hat das Vertrauen, dass ein Schutzengel mit dem Menschen ist, eine biblische Grundlage. Zum Auftreten des Engels des Herrn gehört es, dass der besuchte Mensch häufig erst beim Weggehen des Boten merkt, wen er als Gast bei sich hatte. Dann aber verwandelt sich sein Leben. Die vorliegenden Texte, Betrachtungen, Gebete und Bilder möchten dazu einladen, diese Boten heute zu entdecken und einzulassen. Dabei sollen wir nicht gebannt auf die biblischen Berichte schauen und für uns gleichartige Erfahrungen erwarten. Gott kann uns heute seine Boten auf ganz andere Weise senden. „Es kommt nur darauf an, ob wir Gott heute zutrauen, dass er seine Boten sendet, oder nicht" (Claus Westermann, Gottes Engel brauchen keine Flügel, Stuttgart ⁸2001). Die alten Berichte wollen dazu Mut machen, in unserer Zeit für das Kommen eines Boten Gottes wach zu sein.
Wird uns ein Engel im Alltagskleid eines Zeitgenossen, in einer überwältigenden Erfahrung oder in der Stimme des eigenen Herzens begegnen? Von daher sind auch die Bilder zu verstehen, die für dies Büchlein verwendet wurden. Auf künstlerische Geschlossenheit wurde bewusst zu Gunsten großer Vielfalt verzichtet. Diese soll mithelfen, den Leser und Betrachter für die Vielfalt möglicher Engelbegegnungen offen zu halten.

Der Diener Gottes

Lobet den Herrn, ihr seine Engel...
Lobet den Herrn, all seine Werke...
Lobe den Herrn, meine Seele...
Aus Psalm 103

Bei Gottes Dienern, die gleichfalls in der Bibel begegnen und unsere Engelvorstellungen mitgeprägt haben, geht es um die den Thron Gottes umgebenden geflügelten Wesen. So erlebt sie Jesaja bei seiner Berufung: „In dem Jahre, da der König Usia starb, sah ich den Herrn auf einem hohen und erhabenen

Throne sitzen, und seine Säume füllten den Tempel. Seraphe standen über ihm; ein jeder hatte sechs Flügel: mit zweien bedeckte er sein Angesicht, mit zweien bedeckte er seine Füße, und mit zweien flog er. Und einer rief dem andern zu: Heilig, heilig, heilig ist der Herr der Heerscharen! Die ganze Erde ist seiner Herrlichkeit voll!" (Jesaja 6, 1-3). Im Auftreten der Diener Gottes begegnen wir dem Lobpreis Gottes. Sie treten uns wie der Hofstaat eines damaligen Herrschers entgegen. Es ist deshalb nicht verwunderlich, dass sich mit größer werdenden Reichsverwaltungen in den Vorstellungen der Menschen auch der Kreis der Diener Gottes erweiterte. So entsteht eine eigentliche Hierarchie von Erzengeln und Engeln, wie wir sie im Alten Testament bei Ezechiel, Sacharja und Daniel, im Neuen Testament dann in der Offenbarung des Johannes antreffen. Mehr und mehr erhalten diese Engel die Aufgabe, die immer größer empfundene Kluft zwischen Mensch und Gott zu überbrücken. In den biblischen Berichten bleibt dabei gewahrt, dass den Engeln keine Anbetung gebührt. Dem Seher der Offenbarung, der seinen Engel anbeten möchte, sagt dieser: „Siehe, tue es nicht. Gott bete an!"

Wenn wir von Jesajas erwähnter Begegnung mit den Dienern Gottes ausgehen, können diese auch für uns heutige Menschen von Bedeutung sein. Von den Seraphen wird hier berichtet, dass sie Gottes Heiligkeit preisen! In den Psalmen begegnen wir der entsprechenden Aufforderung, dass sich die Diener Gottes mit den Menschen und aller Kreatur zum Lob Gottes vereinigen sollen. Gehört das Gotteslob als Ausdruck einer dankbaren und offenen Haltung für Gottes Geschenke nicht auch zu einer lebendigen Gottesbeziehung in unserer Zeit? Unser Danken wird an innerer Kraft gewinnen, wenn wir uns in ihm verbunden wissen mit anderen Menschen, mit der ganzen Schöpfung und auch mit Gottes Dienern, mit einer Welt, die wir nicht sehen, die uns aber doch umfängt und trägt.

Oft haben Engel keine Flügel

Da sprach Menoah zum Engel des Herrn: Wie heißest du? – dass wir dich ehren können, wenn dein Wort eintrifft. Menoah wusste nämlich nicht, dass es der Engel des Herrn war.

Richter 13, 17

Unfruchtbarkeit gilt im alten Israel als größte Schmach, die eine Frau treffen kann. Während der Zeit der Philisterherrschaft über Israel hat eine Frau viele Jahre lang diese Schmach zu tragen. Ihr Mann heißt Menoah. Da kommt ein Gast in ihr Haus und sagt ihr, sie werde schwanger werden und einen Sohn gebären. – Es wird Simson sein, der bärenstarke Kämpfer, der Israel von den Philistern befreit.
Wer ist es, der als Gast zu dieser Frau und ihrem Mann Menoah kommt? Flügel hat er keine. Auch trägt er kein weißes Gewand. Nicht einmal von einer besonderen Ausstrahlung wird etwas erzählt. Es ist ein Gottesbote im Alltagsgewand. Menoah erkennt zuerst nicht, dass es der Engel des Herrn ist. Und doch ist er von Gott zu diesen Menschen gesandt.
Dies soll uns dafür öffnen, Gottes Hinzutreten auch dort zu erwarten, wo wir es zuerst nicht vermuten. Ist es der Brief, den der Postbote bringt? Ist es das kleine Geschenk, mit dem uns einer überrascht? Ist es die Herausforderung durch eine menschliche Not? Ist es das anerkennende Wort eines Menschen oder eine zärtliche Berührung?

Ich will wach sein, Herr, dass ich deinen Engel nicht von meiner Tür weise.

Paul Klee, Engel noch tastend, 1939 (MN 13) 29,4 x 20,8 cm, Kreide, Kleisterfarbe und Aquarell auf Papier mit Leimtupfen auf Karton
Gottes Hinzutreten ist oft unerwartet.

Fra Angelico, Die Verkündigung, um 1443
Auch heute sind Gottes Boten unterwegs.

Einladung zur Hoffnung

Da sprach der Engel zu ihr: Fürchte dich nicht, Maria!, denn du hast Gnade bei Gott gefunden. Und siehe, du wirst schwanger werden und einen Sohn gebären; und du sollst ihm den Namen Jesus geben. Maria aber sprach: Siehe, ich bin des Herrn Magd; mir geschehe nach deinem Wort.

Aus Lukas 1, 26-38

Gabriel wird nach Nazaret gesandt. Sein Botengang führt ihn zu Maria, die noch mit keinem Mann zusammengekommen ist. Ihr verspricht er die Geburt eine Kindes. Dieses Kind, sagt der Engel, wird zu einer Quelle der Hoffnung für viele Menschen. Es wird dieser Welt zeigen, dass sie eine sehr große Chance vor sich hat, wenn sie den Weg der Liebe und Versöhnung geht. – Maria hätte doppelten Grund, das Wort des Engels in den Wind zu schlagen. Sie ist noch Jungfrau. Was soll überdies ein Kind aus dem unbedeutenden Nazaret in Galiläa gegen das Dunkel dieser Welt ausrichten? Aber Maria vertraut dem Boten. Sie öffnet sich einer tiefen Hoffnung für ihr eigenes Leben und für die Welt. Durch den Engel redet Gott zu Maria. Durch ihn möchte er auch uns Hoffnung schenken. Seine Boten möchten uns dort zu einem Schritt ermutigen, wo wir die Hoffnung begraben haben. – So reden sie zu uns:
Du darfst das Versagen, das dich belastet, auf die Seite legen. Nimm den Weg zur Versöhnung, der dir so schwer fällt, unter die Füße. Lege den Berg deiner Sorgen in Gottes Hand und nimm aus ihr eines ums andere entgegen. Vertraue darauf, dass er seine schützende Hand über den Menschen hält, der dir so viel Kummer macht.

Dein Engel, Herr, ist auch zu mir unterwegs.
Auch für mich hat er ein Wort.
Mit deiner Hilfe will ich es hören und darauf vertrauen.

Pietro Cavallini, Gabriel, Mosaik in Santa Maria in Trastevere, Rom
Woran soll ich den Engel erkennen?

Auch wo der Zweifel stark ist…

Aber der Engel sprach zu ihm: Fürchte dich nicht, Zacharias! Denn dein Gebet ist erhört worden, und deine Frau Elisabeth wird dir einen Sohn gebären, und du sollst ihm den Namen Johannes geben. Und Zacharias sagte zu dem Engel: Woran soll ich das erkennen? Denn ich bin alt, und meine Frau ist schon betagt.

Aus Lukas 1, 5-25

Auch zu Zacharias, der in Jerusalem als Priester dient, kommt Gabriel. Zacharias zweifelt an seiner Nachricht. Wie ein undurchdringlicher Panzer hat sich Resignation um ihn gelegt. In so hohem Alter kann keiner mehr die Last der Kinderlosigkeit von ihm nehmen. Auch von Gott erwartet Zacharias nichts mehr, was seine Entmutigung sprengen könnte. Trotz des Zweifels wendet Gott sein Gesicht nicht von Zacharias ab. Er erfüllt den alten Wunsch. Ihm und Elisabeth schenkt er einen Sohn – Johannes den Täufer.
Wir haben das Wort eines Boten in uns aufgenommen. Wir sehen den Schritt vor uns, der uns zugesagt ist. Er wartet vor unseren Füßen! Ist es die Befreiung von einer Fessel, ein Schritt zur Versöhnung, der Weg zu mehr Gelassenheit? Etwas hindert uns, diesen Schritt zu tun. Da sind die erlittenen Niederlagen. Da ist unsere Gewöhnung an das Traurige. Da ist die Ohnmacht unserer kleinen Hoffnung. Da ist unsere Müdigkeit. Wir bringen die Kraft zu einem neuen Schritt einfach nicht auf.
Zacharias vermochte nicht zu glauben. Gott hat Gabriels Wort an ihn trotzdem erfüllt. Auch wo wir an Gottes Zusage zweifeln, vielleicht verzweifeln, gibt er die Hoffnung für uns nicht auf.

Herr, ich glaube; hilf meinem Unglauben.

Schutzengel

Da träumte ihm, eine Leiter sei auf die Erde gestellt, die mit der Spitze an den Himmel rührte, und die Engel Gottes stiegen daran auf und nieder. Und der Herr sprach zu ihm: Siehe, ich bin mit dir und will dich behüten allenthalben, wo du hinziehst, und dich in dieses Land zurückbringen. Denn ich will dich nicht verlassen, bis dass ich getan, was ich dir verheißen habe.

Aus 1. Mose 28, 12-15

Jakob flieht. Er lässt Esau hinter sich, den zornigen Bruder, den er um das Recht des Erstgeborenen betrogen hat. Vor sich hat er den ungewissen Weg des Flüchtlings. In Bethel legt er sich erschöpft nieder. Sein Kopfkissen ist ein Stein. Da sendet ihm Gott im Traum seine Engel – Schutzengel. Es ist eine große schützende Bewegung von Gott zum Schlafenden. Eine große Ruhe und Zuversicht legt sich auf Jakob. Mit sicher gewordenen Schritten wandert er am Morgen weiter.

Wenn wir schlafen, schläft Gott nicht. Wie der Flügel eines Engels ist seine schützende Hand auf uns gelegt. Wo wir aber in der Nacht aufwachen, die Einsamkeit spüren, da berührt und trägt er uns erst recht. In diese Hand wollen wir uns hineinlegen. Diesem schützenden Flügel wollen wir uns anvertrauen. In seinem Schutzengel ist Gott mit uns. In seinem Schutzengel ist er auch mit den Menschen, die uns anvertraut sind und die wir doch immer wieder loslassen müssen – ins Dunkel einer Nacht, in die Gefahren eines Tages. In der Nacht, die mich umgibt, will ich es mir immer wieder sagen: Der dich behütet, kann nicht schlummern!

Die Nacht bricht herein, gib mir Vertrauen, dass du nahe bist. Am Morgen lasse meine Füße mit Vertrauen weitergehen.

Marc Chagall, Jakobs Traum (1956/57)
„*Der dich behütet, schläft nicht.*"

Als Gäste an meinem Tisch

Wie Abraham nun seine Augen erhob und sich umschaute, siehe, da standen drei Männer vor ihm. Sobald er sie sah, eilte er ihnen vom Eingang seines Zeltes entgegen, verneigte sich zur Erde und sprach: Mein Herr, habe ich Gnade gefunden vor deinen Augen, so gehe doch nicht an deinem Knechte vorüber. Man soll ein wenig Wasser bringen, dass ihr euch die Füße wascht, dann lagert euch unter dem Baume, und ich will euch einen Bissen Brot holen, dass ihr euch erlabet.

Aus 1. Mose 18, 1-8

Der Gastfreundschaft vergesset nicht! Denn durch diese haben etliche ohne ihr Wissen Engel beherbergt.

Hebräerbrief 13, 2

Erkennt Abraham, dass die drei Männer Gottes Boten sind? Wird ihm erst später klar, dass er Engel bewirtet hat? Vielleicht sieht Abraham in jedem Gast einen Engel – Gott, der Herberge sucht.
Der Gast, den ich heute erwarte – ein Engel? Der Telefonanruf, der in meine Mittagsruhe hineinschellt – ein Engel? Der Brief, der eine Not enthüllt und auf Antwort wartet – ein Engel? Das Kind, das ganz besonders auf meine Geduld angewiesen ist – ein Engel? Der Mitarbeiter, der wegen persönlicher Schwierigkeiten im Betrieb Mühe macht – ein Engel? Gott kommt in Engeln zu uns, in Menschen, die uns brauchen.

Schenke mir, Vater, offene Augen und ein waches Herz.
Ich will dich in deinen Boten annehmen und bewirten.
Nie möchte ich dich von meinem Tisch weisen!

Die Weissagung der Geburt Isaaks. Mosaik, San Vitale in Ravenna
Abraham bewirtet Gottes Boten.

Das heilende Wort

Und der Engel sprach zu ihnen: Fürchtet euch nicht! Denn siehe, ich verkündige euch große Freude, die allem Volk widerfahren wird; denn euch ist heute der Heiland geboren, welcher der Christus ist, der Herr, in der Stadt Davids.

Aus Lukas 2, 1-20

Der Engel auf dem Felde bringt den Hirten ein helfendes Wort. Er bringt ihnen Gottes großes JA. Durch dieses Wort sollen sie überwältigend neu die Erfahrung machen, dass sie angenommen sind.

Sind wir manchmal selber Engel – Menschen, durch die Gott sein heilendes Wort sagen möchte? Uns ist das gleiche JA Gottes aufgegeben wie dem Engel bei den Hirten. Es will auch heute Menschen als heilende Kraft berühren. Als Gottes Boten sollen wir sein großes JA so weitergeben, dass der andere unsere Ergriffenheit spürt. Als Gottes Boten sollen wir sein großes JA so weitergeben, dass es das Herz des anderen findet.

Das große JA Gottes will aber auch Frucht tragen in dem kleinen JA, das wir Menschen einander zu sagen vermögen. Es ist das Wort der Anerkennung, das jeder braucht. Es ist das Wort, durch das ich den anderen meine Teilnahme an Freud und Leid spüren lasse. Manchmal ist es ein wortloses Zeichen – ein Lächeln, eine Berührung, ein kleines Geschenk. Oft findet unser JA im aufmerksamen Zuhören seine wirksamste Gestalt.

Brauche uns als deine Boten.
Gib uns Mut und Fantasie, dein großes JA weiterzusagen.
Gib uns Mut und Fantasie zu dem kleinen JA, das wir einander sagen können.
Sei du mit uns, wenn wir versuchen, Engel zu sein.

Reichenauer Schule, Perikopenbuch Heinrichs II. (um 1005), Verkündigung an die Hirten
Eigentlich könnte ich täglich ein Engel sein.

Der Traum der Weisen aus dem Morgenland, Kapitell in der Kathedrale von Autun
Der Engel, der uns sachte berührt.

Behutsame Berührung

Und da sie im Traum die Weisung empfingen, nicht zu Herodes zurückzukehren, zogen sie auf einem anderen Weg in ihr Land zurück.

Matthäus 2, 12

Die Weisen, die beim Kind im Stall angebetet haben, erleben die behutsame Berührung eines Traumes. Sie erhalten die Weisung, nicht zu Herodes zurückzukehren und ihm den Aufenthalt des neugeborenen Königs zu nennen.
Sie waren schon offen für Gottes behutsame Berührung, als sie unter den vielen Sternen den neuen Stern erkannten und sich weit im Osten auf den Weg machten. Sie sind jetzt wieder für Gottes behutsame Berührung offen und meiden Herodes auf ihrem Heimweg.
Könnte es sein, dass uns Gott durch einen Boten auf solch behutsame Weise berühren möchte? Das wäre eine Begegnung mit Gott, die uns nicht zwingen, sondern dazu bringen möchte, aus dem eigenen Herzen heraus aufzubrechen. Es wäre eine Begegnung mit Gott, in der er uns nicht befiehlt, sondern unsere eigene Einsicht und unseren eigenen Entschluss sucht. Behutsame Berührung – das könnte heißen, dass wir den uns aufgegebenen Schritt selber vor unseren Füßen entdecken und gehen sollen.

Wenn du mich sachte berührst und mir den nächsten Schritt zeigst,
lass es mich merken.

Schwere Nachricht

Da kommt ein Bote zu Hiob und sagt: Die Rinder waren am Pflügen, und die Eselinnen weideten daneben, da sind die Sabäer eingefallen und haben sie weggetrieben und haben die Knechte mit der Schärfe des Schwertes erschlagen. Da stand Hiob auf und zerriss sein Gewand und schor sein Haupt, dann fiel er nieder zur Erde und betete an und sprach: Nackt bin ich aus meiner Mutter Schoß gekommen, und nackt werde ich wieder dahin gehen. Der Herr hat's gegeben, der Herr hat's genommen; der Name des Herrn sei gelobt.

Aus Hiob 1, 13-21

Ein Bote folgt dem andern auf dem Fuße. Der letzte wird Hiob sagen, dass ein einstürzendes Haus seine Söhne und Töchter unter sich begraben hat. Sind auch die Hiobsboten Engel, Boten Gottes? Hiob vermag nicht zu fassen, warum ihn all dies trifft. Während ihn diese schweren Nachrichten treffen, weiß er sich trotzdem von Gott festgehalten. Gott ist mit ihm, wenn die Boten mit ihrer Last kommen.

Als Jesus am Kreuz litt, teilte Gott selber seine Schmerzen. Damit hat er versprochen, den Schmerz aller Leidenden zu teilen. Als Jesus in seiner Todesstunde aufschrie, teilte Gott selber diesen Schrei. Damit hat er versprochen, den Aufschrei aller zu teilen, die Schweres empfangen.

Gott ist mit Hiob, als ihn die schwere Nachricht der Boten trifft. Gott ist mit Jesus, als er am Kreuz das Schwerste leidet. So hält er auch uns fest in den Armen, wenn uns eine schwere Nachricht erreicht.

Wenn ein Bote schwere Nachricht bringt,
will ich darauf vertrauen, dass du mich hältst.
Nie bist du mir näher.

Marc Chagall, Der Prophet Jeremia (1968)
Hat der Engel auch für mich eine Nachricht?

Wenn ich müde bin

Da wünschte sich Elia den Tod und sprach: Es ist genug! So nimm nun, Herr, mein Leben hin, denn ich bin nicht besser als meine Väter. Dann legte er sich unter den Ginsterstrauch schlafen. Auf einmal aber berührte ihn ein Engel und sprach zu ihm: Steh auf und iss! Als er sich umschaute, siehe, da fand sich zu seinen Häupten ein geröstetes Brot nebst einem Krug mit Wasser. – Da stand er auf, aß und trank und wanderte dann kraft dieser Speise vierzig Tage und vierzig Nächte bis an den Gottesberg Horeb.

Aus 1. Könige 19, 1-8

Isebel hat ihm Rache geschworen. Deshalb geht Elia in die Wüste – müde und entmutigt. Was soll er gegen eine Königin ausrichten können? Er wünscht sich den Tod. Aber Gott lässt ihn nicht in seiner Entmutigung versinken. Durch seinen Engel berührt er ihn mit neuer Kraft.
Entmutigung hat mich ergriffen. Woher kommt sie? Ist es der erfolglose Kampf mit mir selber oder der erfolglose Einsatz für andere? Ist es das Scheitern einer Sache, an der ich beteiligt bin? – Am liebsten möchte ich liegen bleiben, mich der Müdigkeit hingeben.
Aber der Engel, der Elia berührte, ist auch zu mir unterwegs. Hat Gott nicht zugesagt, den Entmutigten auf wunderbare Weise neue Kraft zu schenken?
Hat er vielleicht schon begonnen, zu meinem Herzen zu reden und meinen Füßen neue Kraft zu geben?
Auch in der größten Entmutigung will ich für Gottes Berührung offen bleiben.

Vater aller Entmutigten, öffne den Mantel meiner Müdigkeit,
damit dein Engel mich berühren kann.

Reinhard Herrmann, Engel bei Elia, Holzstich
Hilfe für die Entmutigten.

Mit Gott ringen

Da rang ein Mann mit Jakob, bis die Morgenröte anbrach. Als der sah, dass er ihn nicht zu überwältigen vermochte, schlug er ihn auf das Hüftgelenk. Und er sprach: Lass mich los, die Morgenröte bricht an. Aber Jakob antwortete: Ich lasse dich nicht, du segnest mich denn. Er sprach zu ihm: Wie heißest du? Er antwortete: Jakob. Da sprach er: Du sollst nicht mehr Jakob heißen, sondern Israel (also: Gottesstreiter!). Denn du hast mit Gott und mit Menschen gestritten und hast obsiegt.

Aus 1. Mose 32, 22-32

Durch seinen Engel kämpft Gott mit Jakob. So will er auch mit mir und um mich kämpfen. In diesem Boten wendet Gott dem Menschen sein Herz zu, sein Innerstes. Er will nicht fern vom Menschen sein, sondern so eng mit ihm umschlungen wie der Engel mit Jakob. So sucht Gott den Menschen. Er will ihn nicht als Marionette. Er will ihn als lebendiges Du. Das ist Gottes leidenschaftliche Liebe.
Der Gott Jakobs sucht Menschen, die mit ihm kämpfen. So will er, dass auch ich mit ihm ringe um den Glauben, um meinen Weg, um das Leiden in der Welt, um seine Verborgenheit, um mehr Versöhnung und Zärtlichkeit unter den Menschen. Er will, dass ich mich mit der Gottesferne nicht abfinde und um seine Nähe ringe.
Der Kampf Jakobs mit Gott ist der Kampf zweier Liebenden.

Ich lasse dich nicht, du segnest mich denn.

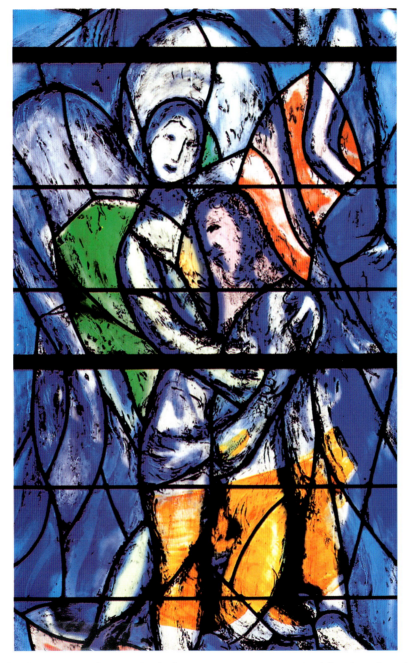

Marc Chagall, Jakob ringt mit dem Engel, Glasfenster im Fraunmünster in Zürich (Glasmaler: Charles Marg)
Gott kämpft auch um mich.

Annegert Fuchshuber, Mutter Teresa
Im helfenden Menschen begegnet der Engel Gottes.

Der Engel, der uns braucht

*Und der König wird ihnen sagen: Ich war hungrig und ihr habt mir zu essen
gegeben; ich war durstig und ihr habt mich getränkt; ich war fremd und ihr habt
mich beherbergt; ich war nackt und ihr habt mich bekleidet; ich war krank und ihr
habt mich besucht; ich war im Gefängnis und ihr seid zu mir gekommen. – Wiefern
ihr es einem dieser meiner geringsten Brüder getan habt, habt ihr es mir getan.*

Aus Matthäus 25, 31-40

Dass im helfenden Menschen ein Engel Gottes begegnet, leuchtet ein. Hier aber
begegnet uns Gott in dem Boten, der uns braucht. Gott kommt zu uns im
Hungrigen, im Durstigen, im Fremden, im Nackten, im Kranken, im Gefangenen.
Gott kommt zu uns im Leiden der Welt und im Schmerz der Menschen.
Gottes Boten aufnehmen – heißt dann: Hungrige speisen, Durstige tränken,
Fremde beherbergen, Nackte bekleiden, Kranke besuchen, zu Gefangenen gehen.

Gottes Boten aufnehmen – muss dann auch heißen:
Schwierige ertragen, Unbequemen nicht davonlaufen, Gegensätze aushalten,
Versöhnung leben, trotz aller Vorurteile offen bleiben, Hoffnung für Hoff-
nungslose in sich tragen.

Gib, dass ich dich im Nächsten erkenne und aufnehme:
mein Gott und mein Bruder.

Annegert Fuchshuber, Janusz Korczak
Gottes Boten haben oft keine Flügel.

Stärkung im inneren Kampf

Und er trennte sich von ihnen, ungefähr einen Steinwurf weit, und kniete nieder und betete: Vater, wenn du willst, so lass diesen Kelch an mir vorübergehen! Doch nicht mein, sondern dein Wille geschehe! Es erschien ihm aber ein Engel vom Himmel und stärkte ihn. Und er geriet in angstvollen Kampf und betete noch anhaltender; und sein Schweiß wurde wie Blutstropfen, die auf die Erde fallen.

Aus Lukas 22, 39-46

Ein schwerer Kampf. Da ist der starke Wille Jesu, seinen eigenen Plan zu vollenden, Leiden und Tod deshalb von sich zu weisen. Da ist zugleich Gottes Geheiß, das Scheitern des Kreuzestodes auf sich zu nehmen. So wird Jesus ein schmerzliches Loslassen zugemutet. Sich und seine Pläne muss er ganz in Gottes Hand hineinlegen. In diesem Kampf erfährt Jesus, dass ihn einer festhält.
Je tiefer er sich in Gottes Willen hineinlegt, umso stärker hält ihn Gottes Engel fest.
Ein schwerer Kampf. Es gibt ihn für jeden, der sich von Gott gerufen weiß.
Da ist das Festhalten, der Wille, uns und unseren Erfolg in der eigenen Hand zu behalten: Mein Wille geschehe! Da ist zugleich die Einladung, uns preiszugeben, in Gottes Hand hinein loszulassen, ihm zu überlassen, was dabei aus uns wird: Dein Wille geschehe! Es wird immer ein schmerzlicher Kampf sein. Aber wir werden nicht allein sein. Ein Engel, in ihm Gott selber, wird uns festhalten.

Vater, nicht mein, sondern dein Wille geschehe.
Stärke mich im inneren Kampf.

Rembrandt, Jesus vom Engel gestärkt, Radierung
Der Engel, der mich in meiner schwersten Stunde festhält.

Auch auf meinem letzten Weg

Und siehe, es geschah ein großes Erdbeben; denn ein Engel des Herrn kam aus dem Himmel herab, trat hinzu, wälzte den Stein weg und setzte sich darauf. Der Engel jedoch sprach zu den Frauen: Ihr sollt euch nicht fürchten; denn ich weiß, dass ihr Jesus, den Gekreuzigten, sucht. Er ist nicht hier; denn er ist auferweckt worden, wie er gesagt hat.

Aus Matthäus 28, 1-8

Große Traurigkeit umfängt die beiden Frauen am Grabe Jesu. Sind mit Jesu Tod nicht all ihre Hoffnungen zerbrochen? Hat in Jesu Tod der Tod nicht auch ihr Leben schon umfangen? Da fällt durch den Engel ein Licht in ihr Leben, das nicht von dieser Welt ist. Der Auferstehungsengel gibt ihnen die Gewissheit, dass Jesus lebt. Der Auferstehungsengel schenkt ihnen die Hoffnung, dass auch ihr eigener Tod eine Tür zum Licht sein wird.
Vom Tod fällt Dunkelheit in unser Leben – Angst und Ungewissheit. Durch den Auferstehungsengel möchte Gott auch uns berühren. Das Vertrauen soll in uns erwachen und wachsen, dass der letzte Weg ins Licht führt. Die Gewissheit soll uns tragen, dass wir nicht allein sein werden. Eine führende und vergebende Hand wird uns begleiten.

Wo mich keine andere Hand mehr halten kann,
will ich ganz auf deine Hand vertrauen.
Wo die Dunkelheit groß sein wird,
hoffe ich auf dein wachsendes Licht.

Duccio di Buoninsegna, Die Frauen am Ostermorgen (Tafelbild vom Dom zu Siena), um 1311
Begleiter über den Tod hinaus.

Engel zur Rechten Christi,
Mosaik in St. Apollinare in Ravenna.
Steht er auch vor meiner Tür?

Der Engel vor deiner Tür

Begegnen uns heutigen Menschen noch Engel oder haben wir ohne sie aus-
zukommen? – Auch unserer Zeit ist durch die biblische Botschaft Gottes
lebendige Zuwendung zugesagt. Das Versprechen ist nicht zurückgenommen,
dass Gott zum Menschen unterwegs ist wie der Hirt zum verlorenen Schaf.
Ob Gott nicht auch heute in Boten zu uns kommt?

Solche Boten Gottes sind die Engel, von denen die Bibel erzählt. Häufig bringen
sie den Menschen eine Nachricht von Gott. Immer wieder ist diese Nachricht
darauf ausgerichtet, Hoffnung zu wecken. So kommen Engel zu Menschen, um
nach einer Entmutigung neuen Mut zu schenken, um in einer ausweglosen Lage
einen Weg zu zeigen, um in einer dunklen Stunde Licht zu bringen.
Ob ich Gottes Engel vor meiner Tür erkenne? Ob ich merke, wenn Gott mich
selber als Engel brauchen kann?